云冈石窟

筑境

中国精致建筑100

王贵祥 提名主编　陈捷撰文　王南　等摄影

中国建筑工业出版社

出版说明

中国是一个地大物博、历史悠久的文明古国。自历史的脚步迈入新世纪大门以来，她越来越成为世人瞩目的焦点，正不断向世人绽放她历史上曾具有的魅力和光辉异彩。当代中国的经济腾飞、古代中国的文化瑰宝，都已成了世人热衷研究和深入了解的课题。

作为国家级科技出版单位——中国建筑工业出版社60年来始终以弘扬和传承中华民族优秀的建筑文化，推动和传播中国建筑技术进步与发展，向世界介绍和展示中国从古至今的建设成就为己任，并用行动践行着"弘扬中华文化，增强中华文化国际影响力"的使命。从20世纪80年代开始，中国建筑工业出版社就非常重视与海内外同仁进行建筑文化交流与合作，并策划、组织编撰、出版了一系列反映我中华传统建筑风貌的学术画册和学术著作，并在海内外产生了重大影响。

"中国精致建筑100"是中国建筑工业出版社与台湾锦绣出版事业股份有限公司策划，由中国建筑工业出版社组织国内百余位专家学者和摄影专家不惮繁杂，对遍布全国有历史意义的、有代表性的传统建筑进行认真考察和潜心研究，并按建筑思想、建筑元素、宫殿建筑、礼制建筑、宗教建筑、古城镇、古村落、民居建筑、陵墓建筑、园林建筑、书院与会馆等建筑专题与类别，历经数年系统科学地梳理、编撰而成。本套图书按专题分册，就其历史背景、建筑风格、建筑特征、建筑文化，结合精美图照和线图撰写。全套100册、文约200万字、图照6000余幅。

这套图书内容精练、文字通俗、图文并茂、设计考究，是适合海内外读者轻松阅读、便于携带的专业与文化并蓄的普及性读物。目的是让更多的热爱中华文化的人，更全面地欣赏和认识中国传统建筑特有的丰姿、独特的设计手法、精湛的建造技艺，及其绝妙的细部处理，并为世界建筑界记录下可资回味的建筑文化遗产，为海内外读者打开一扇建筑知识和艺术的大门。

这套图书将以中、英文两种文版推出，可供广大中外古建筑之研究者、爱好者、旅游者阅读和珍藏。

目录

云冈石窟

云冈石窟在山西省大同市区西16公里武州山南麓，武州川北岸，因山北石崖高处曰"云冈"而得名。石窟依山开凿，东西绵延约1公里，现有主要洞窟53个，各种佛龛1100多个，大小造像51000余尊，占地面积40万平方米，是中国现存最大的石窟群之一，亦是世界闻名的石雕艺术之最大宝库。据有关文献记载，今存主要洞窟大部分开凿于北魏文成帝和平年间（460—465年）迄孝文帝太和十八年（494年）迁都洛阳之前，而造像工程则一直延续到孝明帝正光五年（524年）。

一、国际大都会与穿透时空桎梏的
佛门圣地

国际大都会与穿透时空框梏的佛门圣地

筑境 中国精致建筑100

在山西省北部雁门关外内、外长城之间的一片广袤高原上，同蒲、京包、大秦铁路的交会处，巍然屹立着一座古老的城池——大同。"大同"一名蕴含了中国古代儒家所宣扬的理想社会的最高境界，寄托了封建社会从贵为天子的皇帝到布衣素食的百姓所梦寐以求的拳拳企盼。《礼记·礼运》对"大同"一词作了颇为精彩的概括："大道之行也，天下为公……使老有所终，壮有所用，幼有所长，鳏、寡、孤、独、废、疾者皆有所养……是谓'大同'。"然而在漫长的中国封建社会历程中，大同却极少有过《礼记》所描绘的那种大同景象出现，倒是经常处于战火纷飞、兵荒马乱的状态。"大同"的命名，或许恰恰反映了与战乱为伴的人们对和平、安宁的无限憧憬及向往。

但是大同这座塞外古城在她的成长过程中的的确确曾经有过彪炳中华民族文明史册的

图1-1 武州山云冈远景
武州山雄伟壮观，武州川河水蜿蜒流淌，云冈石窟就雕凿在这座宝山之上。石窟依山开凿，东西绵延1公里，是世界著名的石雕艺术博物馆，吸引着无数中外游客来此观光游览。

灿烂辉煌。大约在4世纪的最后二十年间，自中国东北部大兴安岭的崇山峻岭和密林深处崛起一支"金戈铁马气吞万里如虎"的部队。这支以拓跋氏为首领的鲜卑族部队纵横驰骋，席卷北中国，即便善骑善射善杀戮强悍勇猛如匈奴者亦难抵挡其锋芒，软弱的东晋统治者更非其对手，于是以拓跋氏为首领的鲜卑人部队以其奋勇尚武的精神和攻城略地的实力平定了中国北方的辽阔疆域，于东晋孝武帝太元十一年（386年）在今内蒙古和林格尔一带的盛乐，道武帝拓跋珪建立了与据守长江以南的汉人政权相互对峙长达一个半世纪的强大的北魏帝国。自道武帝天兴元年（398年）始举国南迁，定都平城（即今山西大同），直至孝文帝太和十八年（494年）再南迁都城于洛阳止，凡六帝七世计96年，大同这座塞外古城一直

图1-2 石窟正门外景

石窟正门为三间硬山式建筑，向北正对第6窟。依中轴线建有两进院的一组建筑，正门即山门，前设台阶，左右有钟鼓楼，自成格局。

图1-3 东部石窟车道遗迹
在东部第2窟前，仍保留有
当时木板车道轨迹遗痕，为
我们考证当时石窟雕凿、运
输提供了依据。

是当时中国北方的政治、经济、文化和军事中
心。在北魏王朝统治者的苦心经营和无数能工
巧匠的精心筹划与辛勤劳作下，大同的城市建
设事业突飞猛进，日新月异。我们有充足的证
据能够说明大同不但是当时中国最繁华的城市
之一，而且是5世纪闻名遐迩令人仰慕的国际
大都会。

中国古代的地上建筑大多为木结构，因受
战火的摧残和自然的侵蚀，唐代以前者今已荡
然无存。我们现在对于曾经盛极一时的北魏都
城大同当时的具体模样很难进行过细的描述，
但是凭借浩瀚的古籍史料及丰富的地下文物相
互印证，我们当然可以透过历史的尘埃而显影
其昔日的辉煌。

在今大同市区北部火车站以西至陈庄一带
有魏都平城遗址，北依方山，外靠长城，由宫
城、外城、郭城三部分组成。郭城周长达16公

里，今大同市区北部上皇庄之东和白马城村北的版筑城基，当系郭城之北墙遗址。大同火车站附近发现有排列整齐的大型石刻柱础及大量砖瓦残片，并有镌刻"富贵万岁"隶书字样之瓦当，表明这个区域当系北魏宫城之所在地。宫城北、西两面设苑，东有太子宫遗址。宫城内外有天文殿、天华殿、紫极宫、万寿宫、东宫、西宫等宫殿和楼台大型建筑遗址60余处，由此可见当年宫殿建筑群是何等巍峨壮观。此外在大同市南门外工农路的北侧亦曾出土有大型石雕柱础及筒瓦、石臼等，可以推测这是一座颇具相当规模的建筑遗址。在大同市区西北25公里西寺儿梁山的南部，御河东岸，长城之西，有北魏文成帝拓跋濬皇后冯氏之陵墓。冯氏是中国封建社会前期一位颇有作为的女政治家，出生于一个受鲜卑族影响甚深的汉族官僚家庭，文成帝拓跋濬于兴安元年（452年）即位后被选为贵人，四年之后又被立为皇后。文成帝驾崩，献文帝即位，尊冯氏为皇太后。其间身居丞相高位的太原王乙浑谋反，年轻的冯太后"密定大策"杀掉乙浑，遂临朝听政，在拓跋弘长至18岁成人之后还政于献文帝。皇兴五年(471年)献文帝禅位于年仅5岁的儿子孝文帝拓跋宏，冯氏被尊为太皇太后，再次临朝称制，直至太和十四年（490年）去世一直执掌着朝政大权，历史上著名的孝文帝改革前期工作主要是在她的主持下进行的。西寺儿梁山古称方山，冯氏择此为陵，亦是这位女政治家改革精神的反映。自北魏定都平城之后直至献文帝去世，5个皇帝及其皇后死后均归葬故都盛乐金陵。冯氏敢于打破这一传统，毅然自选平城附近的方山为墓地，改变了北魏帝、后必须归葬金陵的旧制，反映了北魏政权在封建化过程中与鲜卑族旧习俗和落后制度的一次大决裂。我们通过冯氏这位北魏政权结构中非比寻常的女人及至关重要的人物之陵寝构建，当可略为了解北魏首都平城当年之风采。安葬冯氏的永固陵"太和五年起作，八年而成"，是见于文献记载的北魏早期陵墓。据北魏当时的著名学者郦道元在其所著《水经注》中记载："羊水又东，注于如浑水，乱流经方山南。岭上有文明太皇太后陵，陵之东北有高祖陵，二陵之南有永固堂。堂之四周隅雉列榭阶、栏槛及扉户、梁壁、椽瓦，悉文石也。檐前四柱，采洛阳之八风谷黑石为之，雕镂隐起，以金银间云矩，有若锦焉。堂之内外四侧结两石跌，张青石屏风，以文石为缘，并隐起忠孝之容，题刻贞顺之石。庙前镌石为碑兽，碑石至佳。左右列柏四周，迷禽暗日。院外西侧有思远灵图，灵图之西有斋堂。南门表二石阙，阙下斩山累结御路，下望灵泉宫池，皎若圆镜矣！"我们仔细咀嚼评品这段文字记述，则当年规模与盛况便历历如在目前。为了护陵，北魏王朝还在附近设置了永固县。如今气势恢宏的陵寝建筑虽然已成荒冢废垒、断瓦颓垣，但从其现存高达22.87米的陵墓封土及大面积建筑来看，在这高山缺水、石质坚硬的山巅营造如此规模的建筑，其工程之艰巨可想而知。这处气势恢宏的帝后陵寝建筑虽悉数被毁，却仍有祁皇墓幸存。1976年，有关部门对陵园遗址进行了清

图1-4 云冈石窟位置图

理，出土有石雕、铜簪、骨簪、铜箭镞、铁矛头、灰陶器、料环、丝织品残片等大批文物。反映了当时铜器制造、铁器冶炼、料器烧造、丝绸纺织等手工业均已达到了相当高的工艺水平。

近年来有关部门在平城遗址及附近墓葬中曾经发掘出土了一大批具有浓郁希腊风格的镏金铜杯、银碗、玻璃器皿、石器雕刻等；并出土有造型别致、纹饰优美、工艺考究之八曲银洗、刻花银碗及镌嵌精雕的镏金高足铜杯等文物多件，其造型与纹饰具明显的波斯萨桑王朝金银器之特征；此外还发现有大量波斯银币。这些出土文物当是北魏政权迁都洛阳之前由西方输入中亚或西亚的物品，表明自汉代以来的丝绸之路的端点曾经向东延伸到当时的北魏都平城。这些珍贵的文物既是中、外友好交往史的实物见证，也充分证

国际大都会与穿透时
空桎梏的佛门圣地

筑境 中国精致建筑100

明了今日的大同在1500多年以前的5世纪曾经
是中外游客、商贾云集的国际大都会。

如果说史料记载与地下文物只能够使今
人对过去作一些推测和想象的话，那么北魏王
朝倾举国之力用斧凿在武周山崖刻写的鸿篇巨
制——"真容巨壮，世法所稀"的云冈石窟，
则以其磅礴的气势、细腻的笔法、广博的内
涵、华美的文采向后人陈述着此地彼时曾经有
过的辉煌。亘古不变的顽石被艺术家赋予了不
朽的生命，而博大精深的佛陀理论又赋予了它
鲜活的灵魂，于是云冈石窟这篇写在庞大山崖
上的华章便穿透时间与空间的桎梏，以一种特
殊的语汇向后人揭开历史的幕帷，诉说着历史
的沧桑……

二、恢宏石窟的历代经营

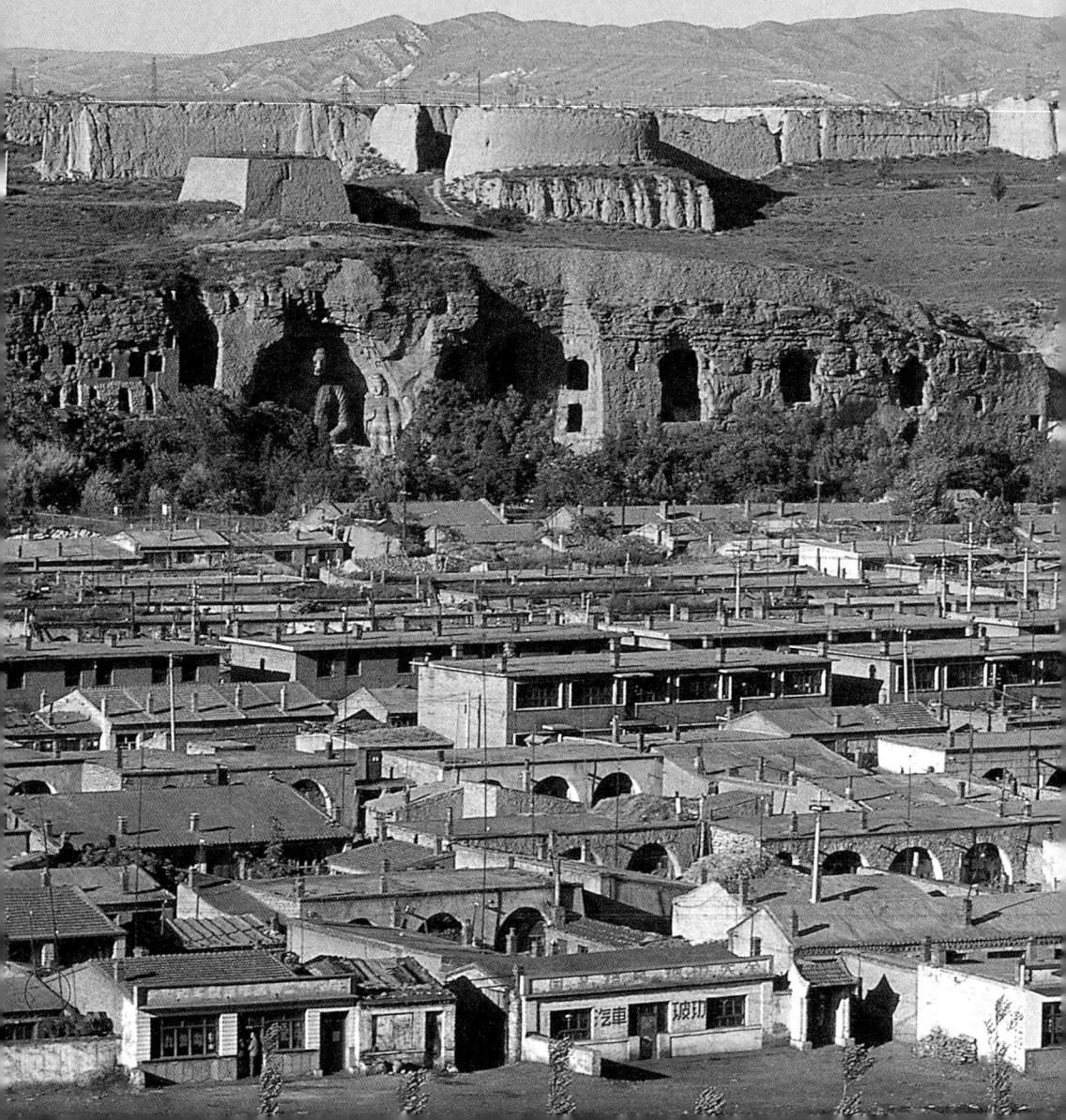

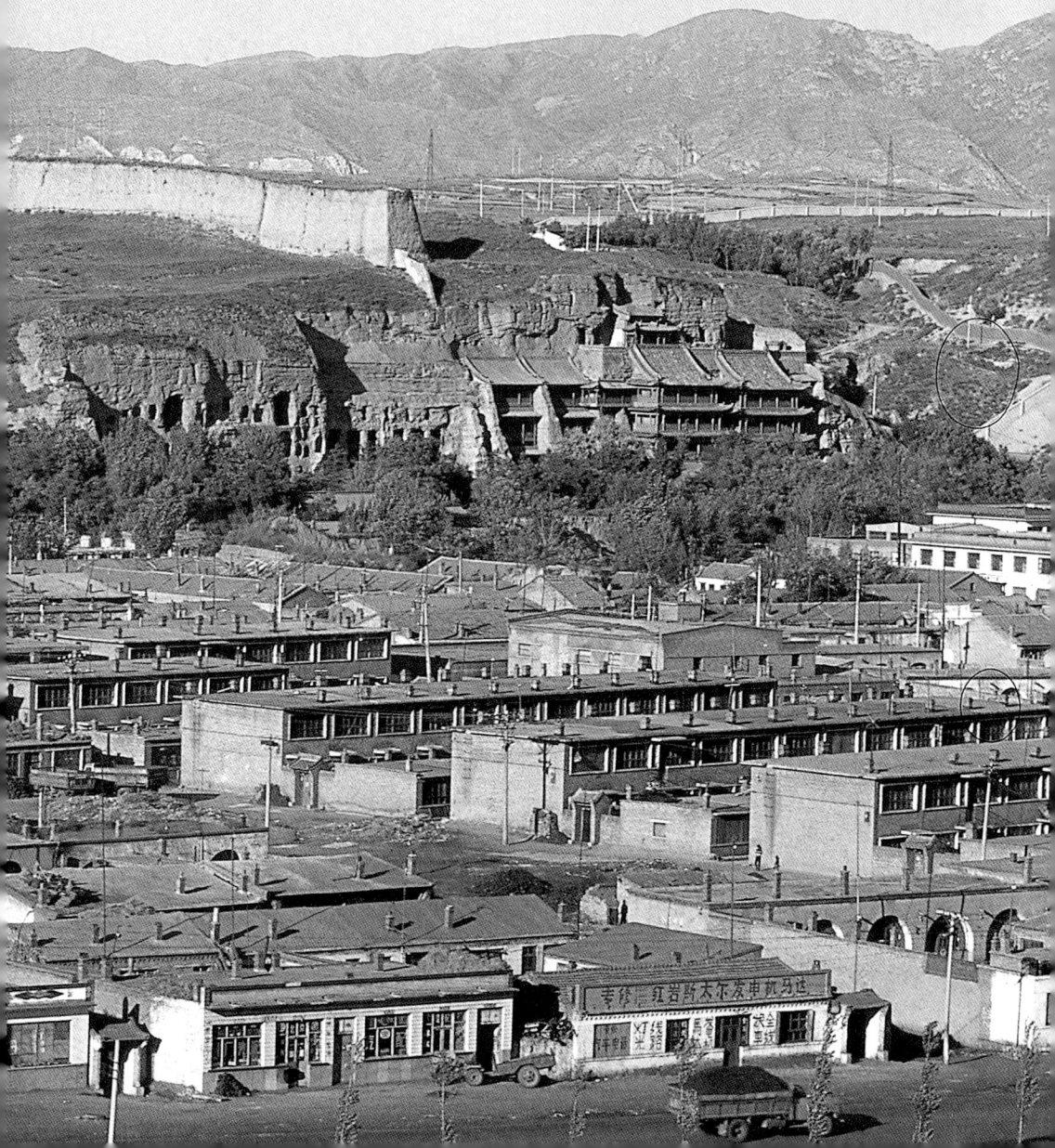

图2-1 云冈石窟全景/前页

石窟依山开凿，总长度达1公里余，分东、中、西三部分。现存主要洞窟53个，另外还有许多小窟，共计1100多个小龛，大小造像51000多个，雕凿于北魏和平至正光年间（460—525年），具有极高的历史、艺术价值，是世界著名的古代艺术宝库。1976年被联合国教科文组织列入《世界文化遗产名录》。

图2-2 东部石窟远景

东部石窟主要有四个大的洞窟，编号为第一至第四窟，图为从第四窟外向东远眺。

云冈石窟的开凿，当然与北魏皇室对佛教的崇信有关。北魏王朝的创始人道武帝拓跋珪曾命令他麾下的将士无论打到什么地方均不得侵犯佛教僧侣和毁坏佛教寺庙。北魏迁都平城后，道武帝还特地下诏在都城广建佛寺，以示对佛教的尊重，并封沙门法果为"道人统"，作为僧侣首领。法果不再拘泥"沙门不敬王者"之旧传统，宣称皇帝即当今如来，拜天子即是礼佛，带头礼拜皇帝。明元帝拓跋嗣登基之后，对佛教依然崇信有加，先后把"老寿将军"的称号授予当时的著名高僧法果和沙门昙证。及至太武帝拓跋焘继承帝位，听信道士寇谦之和宠臣崔浩所言，崇道抑佛，以"太平真君"自居，下达禁佛诏书，大举废佛灭法，拆毁寺庙，使佛教受到了极大的摧残。文成帝拓跋濬登基后，重振佛法，下诏每县建寺1座，尊沙门昙曜为国师，居武州建佛寺。武州地处故都盛乐与新都平城间之交通要冲，北魏皇帝自明元帝始曾经先后7次至武州山祈祷，由

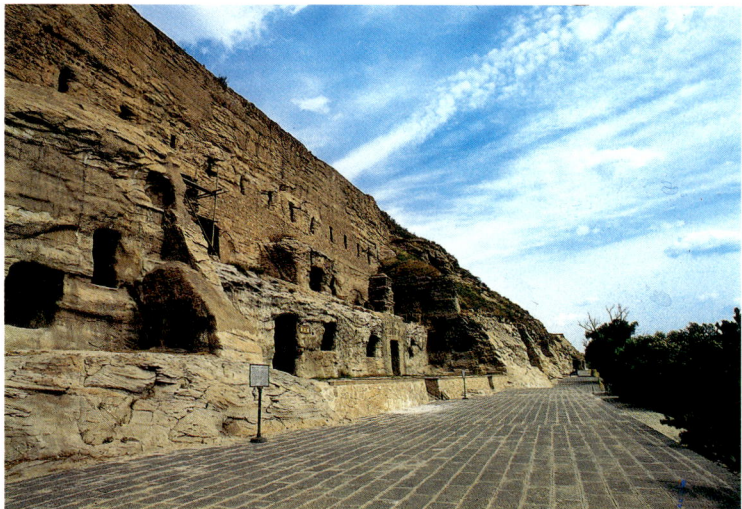

图2-3 第五至第十三窟外景

第五至第十三窟为北魏和平六年至太和十八年
（465—494年）的作品，属云冈石窟第二期
雕凿的洞窟。

恢宏石窟的历代经营

筑境·中国精致建筑100

此可见此山在北魏皇室成员心目中的地位有多么崇高。正因为如此，地处武州山南麓的云冈遂成为当时中国北方的佛教圣地和佛事活动中心。自文成帝和平初年始，北魏王室初以"内帑金钱"、继以"官民外使之金钱"作经费，以在历次战争中俘获的长安工匠二千家、凉州僧徒三千人、吏民工巧三万户为基本劳动力，在云冈凿洞开窟镌刻佛像，工程之浩大，史无前例。文成帝拓拔濬之所以倾举国之力而为此者，一为太武帝废佛灭法表示忏悔；二为神化北魏建国以来先后登基的道武帝拓跋珪、明元帝拓跋嗣、太武帝拓跋焘、景穆帝（即南安王）拓跋余、文成帝拓跋濬五位帝王；三为祈愿佛法永远不灭。因着北魏统治者的积极参与和全力以赴，遂使云冈成为中国历史上第一所由皇室直接经营的大型佛教石窟，并使佛教在北魏这一特定的历史阶段内明显具有鲜明的国家经营色彩，将中国的佛教事业推向了一个新的高潮。文成帝拓跋濬登上帝王宝座的第二年，即兴安二年（453年），将凉州高僧昙曜召至平城，任命为沙门统。昙曜接受太武帝灭法时大肆拆毁以土木为材所建佛寺之教训，遂选取开山凿窟镌刻佛像这一方式，使佛教造像

图2-4 中部石窟外景之一

图为云冈中部石窟，从第十窟至第十三窟，
原有窟檐已塌毁，露出洞窟前室。

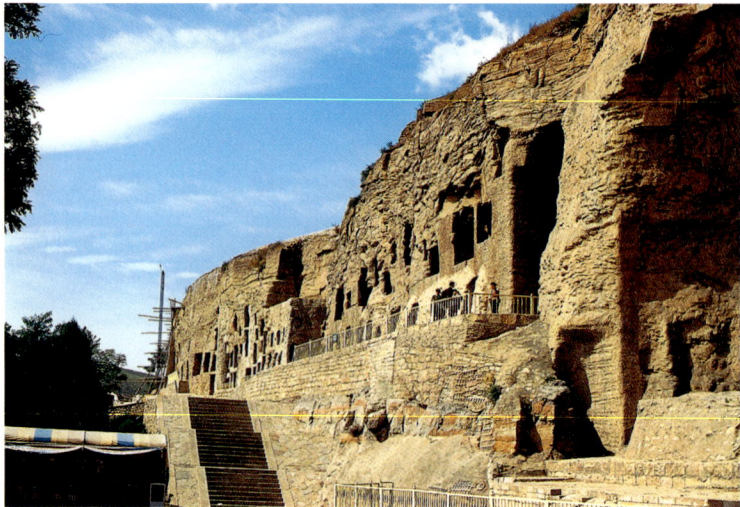

图2-5 中部石窟外景之二
站在第六窟窟檐之上东眺，
中部石窟尽收眼底，别有一
番情趣。

与山崖浑然一体而长存不朽。郦道元在《水经
注》中对云冈石窟当年盛况作了生动的记述：
"凿石开山，因岩结构，真容巨壮，世法所
稀。山堂水殿，烟寺相望，林渊锦镜，缀目新
眺。"自北魏开凿石窟约180年之后的唐太宗
贞观十四年（640年），又曾在云冈进行了个
别石窟的开凿工程，十五年（641年）重建了
云冈石窟的外围寺庙。唐高僧道宣在《广弘明
集》中记载，"今时见者传云，谷深三十里，
东为僧寺，名曰'灵岩'。西头尼寺，各凿石
为龛，可容千人，已还者相次栉比。石崖中七
里极高峻，佛龛相连，余处时有断续，佛像数
量孰测其计。"这位高僧还在《续高僧传·昙
曜传》中对蔚为大观的云冈石窟作了具体描
述："龛之大者举高二十余丈，可受三千余
人。面别镌像，穷诸巧丽；龛别异状，骇动人
神；栉比相连三十余里。"由此可见唐代的崇
佛时尚令云冈石窟不减北魏初凿时之规模及盛
况，并不断获得补葺与修建。此后又经历代多

图2-6 中部石窟东望/上图

站在第二十窟向东远视，中部石窟高低错落，
窟前绿树成荫，远处木构窟檐半隐半现，令游
人流连忘返。

图2-7 西部石窟/下图

西部石窟包括第二十窟以西的几十个石窟，大
体为云冈第三期的石雕作品。

次修缮，并增建佛寺，使作为佛教圣地的云冈规模日盛，在中国佛教史上的地位愈见重要。因为辽金时期皆以大同为西京，故北魏之后历朝历代对云冈石窟的修葺增扩尤以辽金两代的规模最为浩大。辽兴宗重熙十八年（1049年），迄道宗清宁六年（1060年），契丹皇室对云冈石窟进行过长达10年之久的大规模修整，先后葺筑了前接木构窟檐的所谓"石窟十寺"，即通乐寺、灵岩寺、鲸崇寺、镇国寺、护国寺、天宫寺、崇福寺、童子寺、华严寺、兜率寺。这些寺院都是以北魏开凿的石窟寺为主体之木结构佛寺建筑，前建木构，后接石窟，如同今存之第五、第六窟等石佛大寺，结构华丽奇巧，建筑巍峨壮观，颇具民族特色，同时还对千余尊佛像进行了大规模整修。我们以今存第十三窟南壁下部佛龛座上发现的碑碣所载"修大小（佛像）一千八百七十六尊"之铭文与近代自云冈石窟出土的大量辽代文物相互印证，完全可以断定当时的整修工程确乎是异常浩大且十分壮观的。辽末天祚帝保大二年（1122年）金兵攻陷大同，致使10座大寺木

图2-8 云冈石窟洞窟平面图

构建筑悉数被毁，"寺遭焚劫，灵岩栋宇，扫地无遗"（见《大金西京重修华严寺碑》）。据史料记载，金帅粘罕到云冈后深为石窟的恢宏壮观及石雕的高超技艺所感动，命令部下不得再行破坏，并奏请太宗完颜晟为云冈石窟提点僧赐紫衣及"通慧大德"法号。天会九年（1131年），金皇室因武州川"河流近寺，恐致侵啮，委烟火司差夫三千人改拨河道"（见《大金西京武州山重修大石窟寺碑》）。事实证明金代所进行的这项改拨河道工程对云冈石窟的保护作用的确是十分重要的。熙宗皇统初年，慧公法师化缘集资，"重修灵岩大阁九楹，门楼四所"，"创石垣五百余步，屋之以瓦二百余楹"，以及香厨、客次等"凡三十楹，轮奂一新"。此次重修工程自皇统三年（1143年）正式动工，至六年（1146年）告竣，历时四载，"费钱二千万"，"自是山门气象翕然复完矣！"辽末因战乱备受摧残的石窟大寺又恢复了昔日的风采。金代修复的寺院直至元代仍然保存完好，此前皆称之曰"武州塞石窟寺"。明代虽然又予重修，惜规模远不

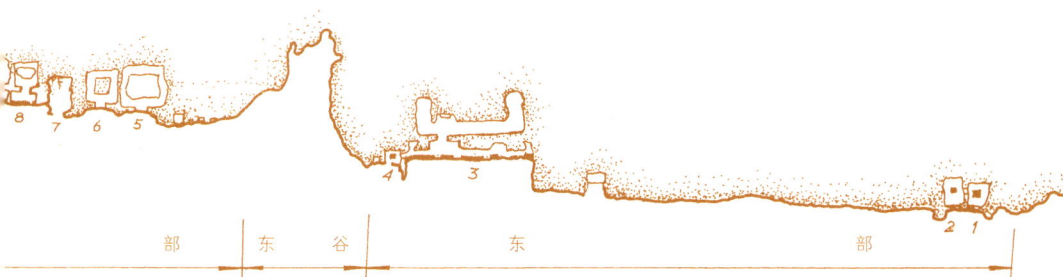

如前，称名则以"云冈"流行。迄清初再遭兵燹，木构寺宇完全沦为灰烬。直到世祖顺治八年（1651年），云冈寺宇才再得修复。修复工程由总督佟养量任总监，大同知县王度、阳和知府胡文烨等人参与，今存第五和第六2窟木构窟檐即重建于此时。中华人民共和国成立后，为了保护云冈石窟这一稀世瑰宝，特别批准设置了"云冈石窟文物保管所"，以便对云冈石窟实施专门保护，并进行了诸如植树栽花、整理环境、维修洞窟、考古发掘、文物研究等项工作。1955年将多年失修的第五和第六窟木结构窟檐重新落架翻修；1959年至1961年间对东、西部窟群中的部分中、小洞窟进行了试验性化学加固。自1972年始，又有计划地采用高分子材料对第九至第十三窟称名为"五华洞"和第十六至第二十窟称名为"昙曜五窟"共计10个洞窟的裂缝危石及风化严重之佛像进行了抢险加固。1974年后对全部洞窟进行了大规模维修，历时三载完成。

三、镌刻在岩石上的南北朝建筑资料

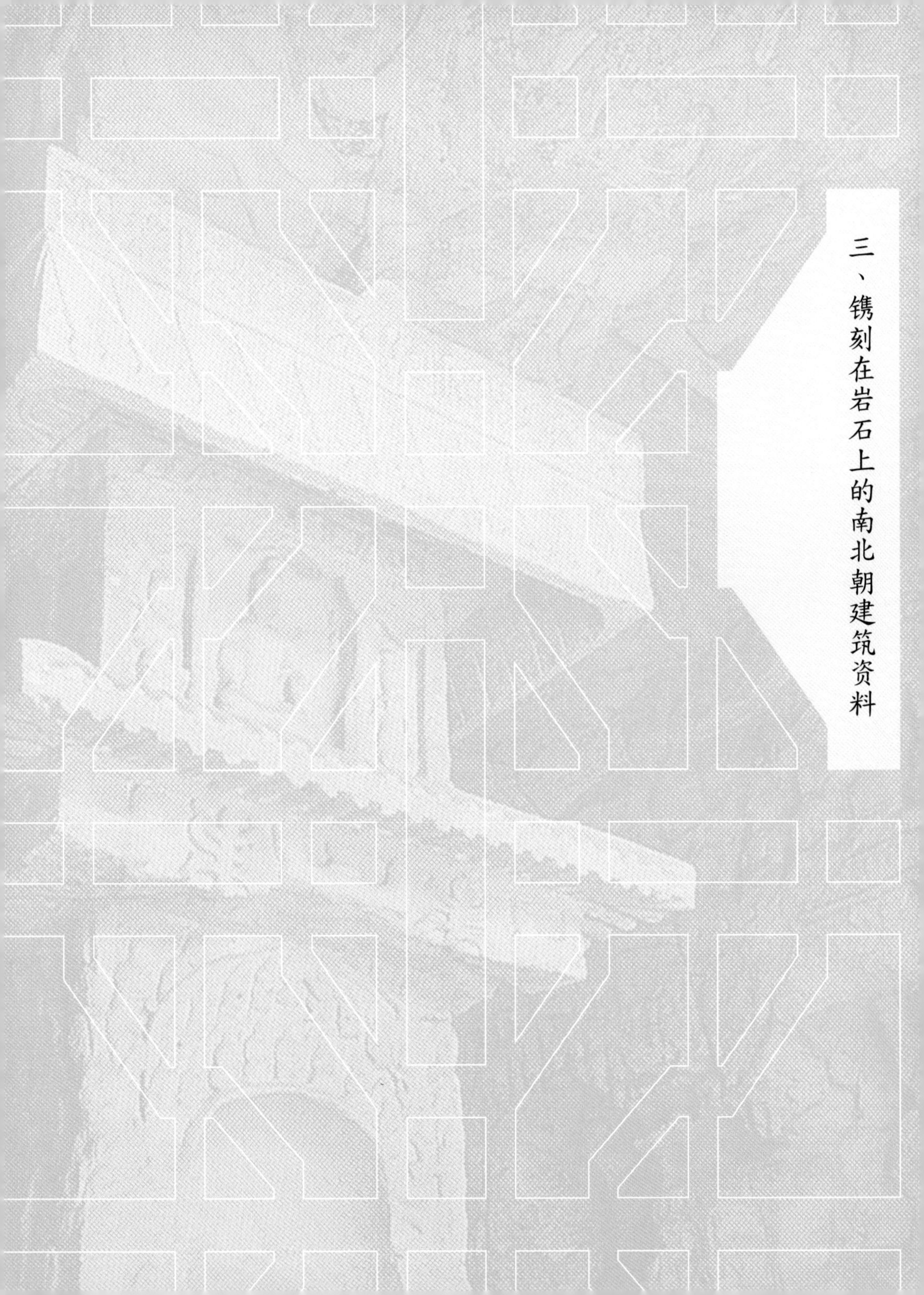

我国的木结构建筑因年代久远，唐朝以前者今已不复存在，而云冈石窟镌刻在岩石上的仿木构件和建筑形象，则为研究南北朝时期的建筑发展成就提供了十分可靠的资料。其建筑雕刻有塔、塔柱、殿堂式佛龛、门楼、窟檐石柱等。其中的塔有单层、三层、五层、七层等多种形式，形制略如汉代楼阁式建筑，每层开间不一，脊刹两端多有鸱吻，塔刹1枚或3枚不等，均比较精致。塔柱是位于石窟内部的中心支柱，因雕镌为塔形，故称之曰"塔柱"，平面多呈方形，有双层、三层、五层、九层共4种类型，四周雕凿佛龛及塔檐，檐下雕刻倚柱、额枋、斗栱、椽子，檐上雕刻瓦垅，塔顶无刹，与石窟顶部崖面相连，而第六窟的中心

图3-1 第一窟中心塔柱
第一窟位于云冈石窟东端，窟中部塔柱为两层方形塔柱，塔四面佛像多已风化剥蚀，南面下层释迦多宝及上层释迦还较完整。

图3-2 屋形佛龛

位于第十窟前室西壁上，佛龛完全仿造木构建筑
雕凿，面宽三间，明间两根方形石柱，柱头大斗
上承托额枋，人字栱及一斗三升栱交替排列承托
屋檐，是研究北魏建筑形制的重要资料。

云　冈　石　窟

镌刻在岩石上的
南北朝建筑资料

築境　中国精致建筑100

a

镌刻在岩石上的南北朝建筑资料

b

图3-3a,b 第十二窟前室内景/本页及前页

第十二窟东、西石壁雕凿成三间仿木构建筑的佛龛，人字形斗栱承托屋檐，屋顶鸱尾造型简洁，脊刹为金翅鸟，反映了魏、晋早期木构建筑的形制。

塔柱则内部剔空，雕镌佛像，形成一个玲珑剔透的大型窟柱。殿堂式佛龛俱雕镌为四柱庑殿顶，大小不等，简繁有别，约20座，其中以第九、第十、第十二等窟前室门楣上及东西两壁间的佛龛最为精致：三间殿堂，由4根方柱或小八角石柱支撑，内雕佛像或菩萨像，柱上置大斗和额枋1道，枋上柱头施一斗三升栱，补间雕"人"字栱，还有雕作兽形栱者，栱上承橑檐枋，再上为椽子和瓦垅，脊刹为大鹏展翅形式，脊端雕鸱吻，戗脊上多雕凤形装饰，并有三角形火焰穿插其间，与殿堂形制一般无二。门楼或小型佛殿多为单间单檐四阿顶，门前雕台阶及栏杆，四周雕镌门框，檐下镌刻斗栱，屋顶雕瓦垅及鸱吻，形制较简洁。窟檐石柱是直接承受石窟前廊崖顶重荷的建筑部件，系石窟建筑的重要结构部分，为小八角形，下有束腰式或动物形础石，上置大斗承廊下门楣石枋，柱身收杀较大，雕凿富丽奇巧，满布花纹或小佛龛，是窟前装饰性很强的结构部件。

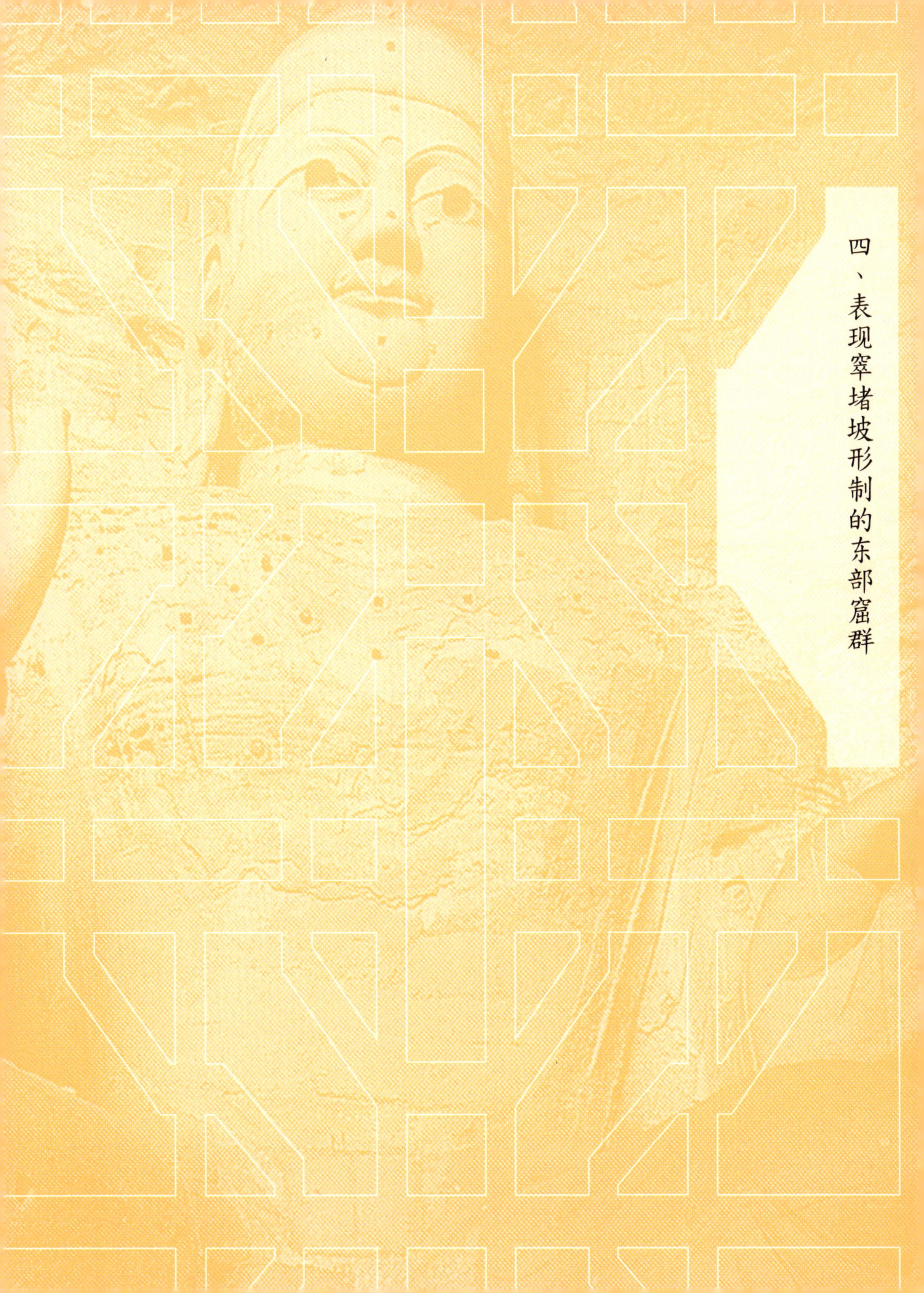

四、表现窣堵坡形制的东部窟群

根据武州山山势的自然起伏，两道山麓将云冈石窟划分为东、中、西3个部分。第一至第四窟因在云冈石窟的东端，故称"东部窟群"，均属塔洞，洞内雕凿方形楼阁式塔柱，直通窟顶。塔亦称塔坡、塔婆、兜婆、偷婆、浮屠、浮图等，均是梵语"窣堵坡"音译的讹变或简称。窣堵坡亦作窣堵婆、素覩坡、薮偷坡、私镮簸。《康熙字典》引《说文解字》曰："西域浮屠也，或七级、九级，至十三级而止。其五级者，俗谓之'锥子'。"塔的含义为高积土石，用于埋藏遗骨。塔又名"俱椤"，汉语义译聚、大聚、高、显、高显处、坟、方坟、圆冢、灵庙、功德聚等。塔在梵语中也称"制底"，凡称制底者均是指不埋藏遗骨的塔。制底亦译作"支提"，又有金刹、塔庙、宝塔等不同称谓。塔一般是安置佛舍利的，故亦称舍利塔。"舍利"是梵语死尸的音译，《佛书》中译作"室利罗"或"设利罗"。佛祖释迦牟尼涅槃后，其遗体火化，遗骨未化者称"舍利"。《魏书·释老志》载，"佛既谢世，香木焚尸，灵骨分碎，大小如粒，击之不坏，焚亦不焦，或有光明神验，胡言谓之'舍利'。"佛教徒将佛舍利"置之宝瓶，谒香花，致敬慕，建宫宇，谓之'塔'。"

图4-1a,b 第二窟中心塔柱/对面页
塔柱位于第二窟中央，平面方形，塔高3层，刻成楼阁式佛龛样，二层檐上四周设角柱，柱间一斗三升及人字形斗栱完全是按木结构雕制，是研究北魏建筑的形象资料。

a

b

筑境 中国精致建筑100

又因佛舍利多为米粒状，故亦称"舍利子"。舍利塔因系藏佛骨之塔，故又称"骨塔"。塔平面以方形、八角形居多，层数一般为奇数，由台（基台）、覆钵（台上半球部分）、平头（祭坛）、竿、伞5个部分组成。第一、第二两窟为一组双窟之塔洞，属文成帝拓跋濬驾崩之后至孝文帝元宏迁都洛阳之前第二期开凿的石窟。因系同期开凿，故布局大致相同，平面近方形，塔柱居中，壁面雕刻俱为上下重层和左右分段之布局。第一窟后壁主像为弥勒，中心塔柱南面下层雕镌释迦、多宝，上层雕镌释迦。第二窟后壁主像为释迦，中心塔柱南面下层亦雕释迦、多宝，上层雕过去、现在、未来三世佛。两窟南壁窟门左右两侧均雕镌维摩、文殊像，四壁风化严重，仅第一窟东壁后下部的佛本生故事浮雕保存比较完整。释迦、多宝对坐塔之出处见于《华严经》，维摩与文殊问答则出自《维摩诘经》。北魏一代对这两部佛教经典极为重视，当是因为这两部经书很好地运用比喻故事之形式对佛教谛义进行了深入浅出的阐述与诠释。孝文帝迁都洛阳前，曾多次把僧人请进皇宫，宣讲这两部经书。有鉴于此，应该说明确依据《法华经》和《维摩诘经》之内涵建造的第一、第二两窟在开凿时间

图4-2 第三窟大佛/对面页

第三窟为云冈石窟最大的洞窟，上部凿出弥勒窟室，下部开凿巨大的禅窟。大佛面相丰圆适中，慈祥肃穆。

上与北魏都城的南迁是相吻合的。第三窟原为大型塔洞设计，在云冈石窟群中开窟面积最大，达1250平方米，可能亦属二期开凿，前面石窟外壁之断崖高达25米，相传为昙曜译经楼。石壁中上部凿有12个长方形孔洞，当是辽、金时期在窟外建木结构窟檐时安装梁架所用。洞窟分前后两室，因为规模较大，北魏一代未能完成。前室上部中间凿出一个方形窟室，主像为弥勒；左右凿出一对三层方塔；其余壁面满雕千佛；后室北壁雕一佛二菩萨，佛像为坐姿，高约10米，两侧菩萨像为站姿，各高6.2米，均体态自然，衣纹流畅，面容圆润，肌肉丰满，花冠精细，线条柔和，其风格和雕刻手法似为初唐作品，当系北魏以后加刻。其中的弥勒窟室是新中国成立以后在窟前进行发掘工作时发现的，对第三窟极有可能就是"东头僧寺，恒供千人"（《续高僧传·昙曜传》）的昙曜大型禅窟之判断提供了颇为有力的佐证。弥勒窟室的下部开凿有巨大禅窟，显然是为了满足僧众坐禅的需要。第四窟风蚀严重，唯东壁交脚弥勒保存仍较完整，南壁窟门上隅镌刻孝明帝正光年间（520—525年）"为亡夫侍中平原太守造像"之铭文，是云冈石窟现存最晚的铭记。此外，在窟前发掘工作中于第四和第五窟之间发现了一个未编号洞窟，亦系塔洞，当应归入东部窟群。该洞窟平面呈方形，窟门上方凿明窗，窟中心柱雕五层塔，塔正面第一层小佛龛内亦雕释迦、多宝对坐像，从石窟形制及造像风格来看，当属孝文帝太和十八年（494年）迁都洛阳后至孝明帝正光五年（524年）间第三期开凿。东部窟群中四壁

a

b

图4-3 第六窟窟檐内壁画

位于窟檐内东西墙壁上，面积共约20平方米，
内容为十八罗汉。表现技法兼工带写，勾填渲
染，设色艳丽，人物形象无一雷同，与洞窟里
的石雕遥相呼应，相得益彰。

浮雕的五层小塔和屋宇殿堂是研究北魏建筑的形象资料，特别是第二窟的中心塔柱当是表现窣堵坡形制的典型实物资料及范例。这一塔柱计3层，每层四面镌刻三间楼阁式佛龛，塔之下部为四方形塔座，一层风化较严重，二、三层保存尚完好，塔檐举折平缓，瓦垅、椽飞、斗栱、望柱等一应俱全，是窣堵坡早期形制与中国式楼阁相互融合之例证。

五、大佛巍峨的中部窟群

大佛巍峨的中部窟群

筑境 中国精致建筑100

第五、第六两窟在云冈中部，属于中部窟群，系两窟毗连的一组双窟，为北魏时第二期开凿。窟前有清世祖顺治八年（1651年）所建五间四层木结构楼阁，上三层施平座、勾栏及望柱，顶覆琉璃瓦，金碧辉煌，颇为壮观。这组双窟窟形巨大，主像均为三世佛，其服装一改惯例，俱雕作褒衣博带。此类佛装是当时南朝汉族士大夫及地主阶级的标准服饰，而上着帔帛下穿大裙的菩萨装亦系当时汉族地主阶层的常服。这种服饰在云冈石窟佛教造像中的出现反映了孝文帝元宏所实施的政治改革。第五窟平面呈椭圆形，分前后两室，后室北壁中央雕坐佛1尊，高达17米，是云冈最大的雕像，外貌业经唐代泥塑重妆。巨佛膝上可站立120人，一只脚上可站立12人，四周凿小佛环绕，相互映衬，蔚为壮观。主像两侧雕释迦、多宝，二佛对坐于菩提树下，似在切磋佛理。后室拱门两侧雕侍立菩萨像，窟顶浮雕飞天，姿态飘逸俊秀，线条流畅优美。窟内四壁则满雕似乎缺少统一部署的大小佛龛及佛像，说明它们并未按原拟计划在一定时间内完工，这或许与孝文帝迁都洛阳的重大举措有关，由此可见该窟的开凿当在北魏定都平城（今大同）的后期。第六窟平面近方形，每边长约13米，后室

图5-1 第五窟窟檐外景/对面页

窟檐依山而建，外观为四层五间楼阁式木构建筑，内部有木梯可供登临。现存建筑为清代重建，民国年间曾修缮。

大佛巍峨的中部窟群

筑境 中国精致建筑100

中央雕方形二层塔柱，高达16米，接连窟顶；其下层四面俱雕佛龛，北面龛内镌刻释迦、多宝二佛对坐，东面龛内镌刻交脚弥勒，南与西面龛内均镌刻倚坐佛像；上层四角各雕九层出檐小塔驮于象背。窟内各壁及中心柱四周满雕佛、菩萨、罗汉、飞天、供养天、迦楼罗等造像，窟顶镌刻三十三天及各种骑乘，东西南3壁中下部及洞窟明窗两侧和塔柱四面佛龛两侧浮雕佛祖释迦牟尼腋下降生、七步踏莲、九龙灌顶、骑象回城、仙人观相、乘象游荡、太子学艺、箭射铁鼓、宫中嬉戏、父子对话、出游四门、耶输陀罗惊梦、逾城出家、雪山苦行、菩提树下成佛、鹿野苑说法、双林入灭等从出世到成佛以至涅槃的佛传故事图像共计33幅，是一部卷帙浩大的石雕连环画。在云冈石

图5-2 第五窟大佛
第五窟分前后二室，后室中央坐佛高17米，是云冈石窟中最大的佛像。

窟中，第六窟以雕饰瑰丽、技法娴熟、刻工精细、主题突出、内容丰富、形象优美而独占鳌头。第五、第六这组双窟工程浩大，气势恢宏，其明窗两侧镌刻的坐禅僧人极有可能是当时有意为广大禅僧凿造的坐禅标准像。

亦属中部窟群的第七、第八两窟形式与形制相似，也是一组双窟，窟形巨大，是云冈第二期开凿的石窟中之最早一组，大约完成于孝文帝登基之初期。窟前建三层木结构窟檐，上层以悬廊与第六窟相连。第七窟平面呈方形，分前后两室，后室正壁上层镌刻文殊菩萨，座下骑狮；下层主像为三世佛。其余东西南三壁满雕佛龛造像，内容为佛本生故事和佛传故事，形象优美而逼真，其中尤以南壁拱门上部6尊供养菩萨造像为最佳。窟顶浮雕飞天，生动活泼，各以莲花为中心，盘旋飞舞，姿态飘逸，有很强的感染力。第八窟后室的拱门西侧雕五头六臂骑乘孔雀之鸠摩罗天，东侧雕三头八臂骑牛之摩醯首罗天，这在云冈洞窟中极为罕见，仅此一例，其技巧与造型均较成熟。

第九至第十三窟亦属中部窟群，因清代曾施彩绘而显得异常华丽，故俗称"五华洞"。第九、第十两窟为一组双窟，属第二期开凿，略晚于第七和第八窟。据《大金西京武州山重修大石窟寺碑》的记载推断，它可能就是孝文帝元宏宠臣宕昌公钳耳庆于"太和八年建，十三年毕"所开凿之石窟。因非皇家所开，故窟形较小。两窟平面呈方形，分为前后二室，前室南壁门拱两柱为八角形，东西两壁上部和

大佛巍峨的中部窟群

筑境 中国精致建筑100

图5-4 第六窟窟檐
第六窟窟檐前建五间四层楼阁，与第五窟相并列，结构形制相同，为清顺治八年（1651年）重建，是云冈石窟窟檐建筑中保存不多的一组木构建筑。

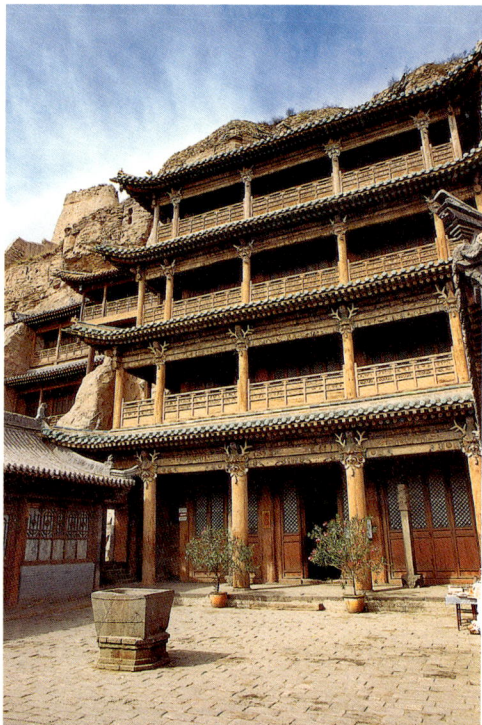

图5-5 第六窟塔柱 /左图
第六窟平面近方形，中央雕凿方形塔柱，高15米，由地面直
抵窟顶。塔柱四周雕四层大龛，内雕佛像及佛传故事，雕刻
技法精炼，装饰富丽，表现了很高的艺术水平。

图5-6 第七至第八窟外景 /右图
第七、第八窟建有三层楼阁式窟檐，内有楼梯，可逐层登
临，与窟内相通。

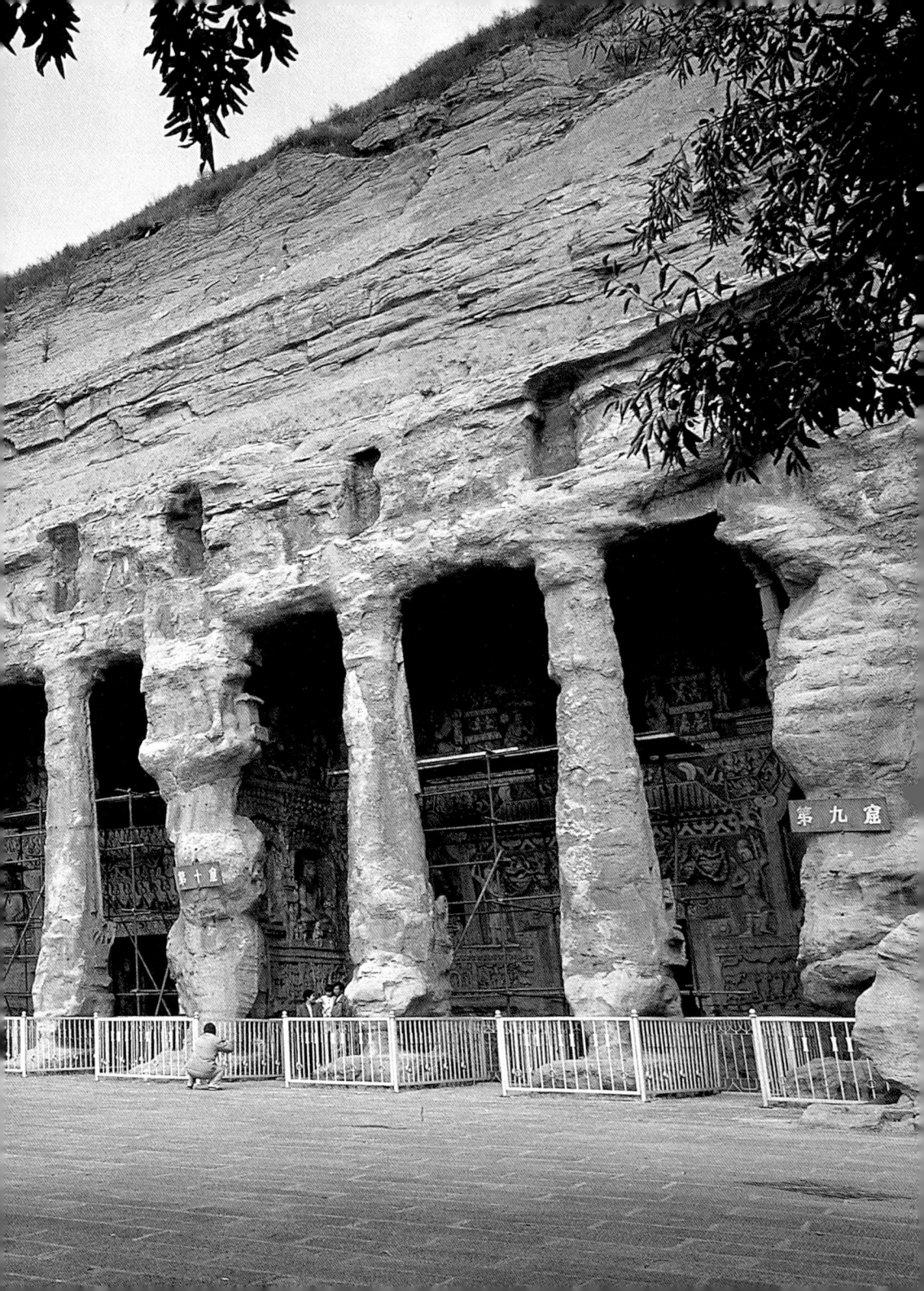

图5-7 第九、第十窟外景
/前页

第九、第十窟为一组双窟，
窟前的窟檐已塌毁，窟内分
前后室，四壁满刻佛像、飞
天及精美的图案花纹。

后室门楣上镌刻仿木结构屋宇建筑之佛龛，其余各壁精雕植物花纹图案，结构严谨，富于变化；另外雕有佛龛、伎乐天及舞伎等，则造型生动，姿态优美，动感极强。其中第九窟北壁主像为释迦，第十窟主像为弥勒，这是云冈石窟北魏二期开凿工程中出现的新的主像组合，壁面则布置了较多的释迦与多宝对坐像。

第十一至第十三窟3窟共为一组，其中以具有前后室的第十二窟为中心窟，属北魏第二期开凿。第十一窟平面呈方形，中央雕有直达窟顶的方形塔柱，柱四面雕上、下佛龛和各种佛像，除南面上部佛龛内雕弥勒像外，余皆为释迦立像。洞窟正面雕镌菩萨像2尊，保存完好。其余各壁满雕佛龛造像和千佛像。东壁南端上部有北魏孝文帝太和七年（483年）八月十三日54名佛门信徒留下的石窟造像铭，是研究云冈石窟开凿史的重要文献资料。造像铭距地面11米，是存世较早的一种北魏造像碑铭。它详细记述了当时大同城内54名善男信女在该窟东壁雕造95躯石佛像的缘由，含蓄地表露了佛门弟子对太武帝拓跋焘灭佛的不满心理，同时对文成帝拓跋濬恢复佛法后佛事中兴的盛世大加赞颂，对崇尚佛法的当今皇上孝文帝元宏及执掌朝政的文明太后冯氏的感激之情溢于言表，甚至对刚出世的皇太子也致以良好的祝愿。这块碑铭具有很高的历史价值，为确定开凿云冈诸窟的分期提供了真实的历史资料。作为书法作品，它更能反映孝文帝太和年间的书法风格，在书法艺术上亦有较高价值。造像铭宽78厘米，高37厘米，楷书24行，每行14至16字不等，共342字，字径2至3厘米，因年代

a

b

图5-8 第十一窟外景

第十一窟外部壁面雕刻数龛，内有大、小佛像，
窟内正中凿有方柱，四面各雕成上、下龛。

大佛巍峨的中部窟群

筑境 中国精致建筑100

久远个别字已难辨认，但保存尚完好，书法亦不失本来面目。其特点是体势、笔画、意态均有极浓的隶书遗风，结构恰到好处，奇中取胜，点画多变，方圆并施。这种效法汉隶、隶楷并存、端庄高雅、奇巧古拙的书法风格比较集中地反映了南北朝时期书法的特点。此外在西壁亦有一块造像铭，乃孝文帝太和二十年（496年）遗物。该窟西壁还有服饰接近第五和第六窟的七佛立像，亦具较高的艺术价值。

第十二窟前室外崖上部凿三开间仿木结构建筑之窟檐，前列两柱，洞开三门，后室入口处上部开明窗。其东西两壁雕三开间仿木结构屋形佛龛，龛内造像。其中西壁佛龛檐下的兽头栱形制特殊，近似波斯式兽形柱头。后室正壁佛龛分上下两层，上层龛内主像为弥勒，下层龛内镌刻释迦、多宝二佛对坐像，其造像风格及所着服饰接近于第九和第十窟。此外在正壁窟顶的最上层雕镌有一列千姿百态的伎乐天，手执唢呐、长笛、短笛、排箫、竖箫、横胡笳、

图5-9 第十二窟外景
第十二窟前室正面雕凿为三开间仿木结构建筑的窟檐，柱上雕刻惜已风化，但窟内雕刻仍然十分精美，保存完好。

图5-10 从第十二窟内向外望

与第十一、第十三窟组成一组石窟，为北魏太和
七年（483年）雕造。十二窟前室正面敞开，由
四根石柱支顶窟檐，为石刻三开间仿木建筑结
构。柱身四周遍刻小佛，柱顶大斗承托门额

大佛巍峨的中部窟群

筑境 中国精致建筑100

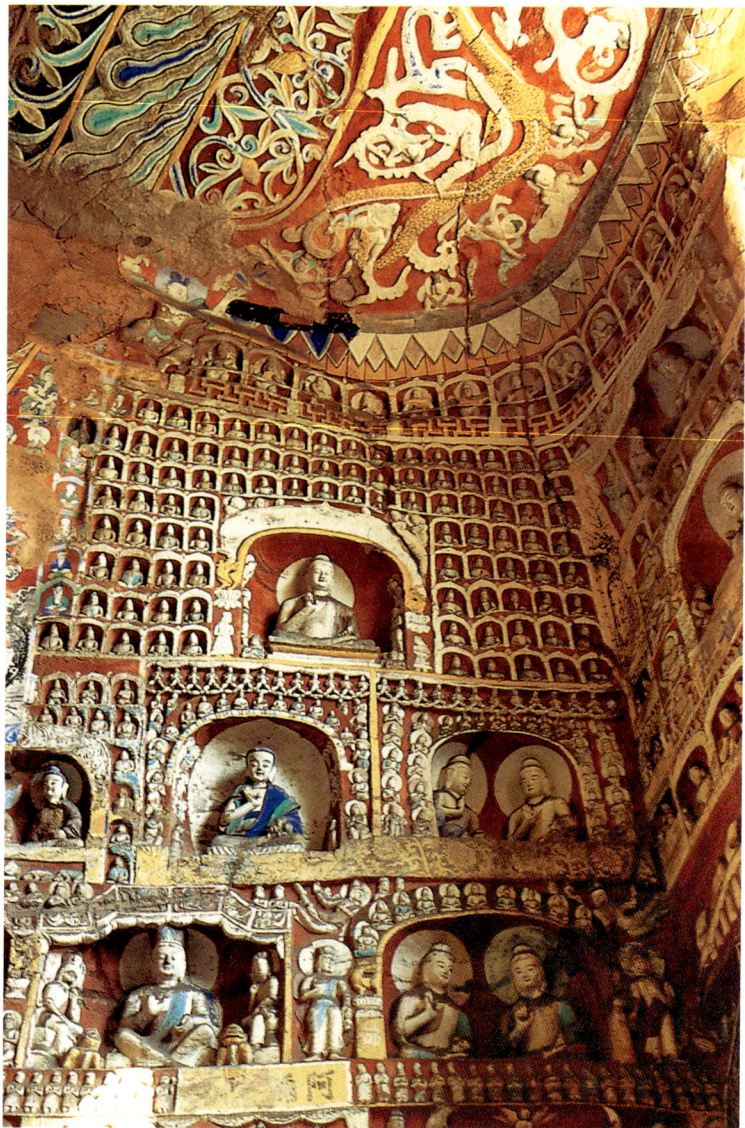

图5-11 第十三窟东壁
窟内东壁雕有大小不同的佛龛，是为小千佛，
雕像运用高浮雕手法，形象刻画及衣褶处理娴
熟自如。

图5-12 第十三窟南壁细部
图为第十三窟南壁七佛立像中的三尊，七佛立
于莲台，面带笑容，身后舟形火焰背光陪衬，
是此窟中的精品之作。

竖胡笳、籥篥、茂登朝尔、吹叶等10种吹奏乐器，曲项琵琶、五弦琵琶、瑟、竖琴、箜篌等5种弹拨乐器，齐鼓、腰鼓、细腰鼓（蜂腰鼓）、魏鼓（胸鼓）、铙、钹、星（碰铃）、圆椰等8种打击乐器，神情各异，形象生动，是研究中国音乐史的重要资料。第十三窟窟内四壁雕镌形式多样的各种佛龛，正中主像为交脚弥勒坐像，高约13米，右臂与腿间雕托臂力士像，颇为奇特，是云冈石窟中仅有的一例。窟内南壁门拱上部雕7尊站立佛像，东壁下层雕供养天人像8尊，均姿态潇洒自如，雕饰俊美俏丽，引人瞩目，乃窟中精品。整个五华洞雕像艺术造型丰富多彩，是研究艺术、历史、书法、音乐、建筑等的形象资料，十分珍贵。

六、万佛会聚的西部窟群

第十四至第五十三窟为西部窟群。第十四窟窟前立壁塌毁年久，雕像风化严重，仅西壁上部部分造像及东侧方形塔柱尚存。第十五窟平面为正方形，除正壁开龛造像外，其余各壁雕镌小佛坐像近万尊，排列规整，俗称"万佛洞"，其西壁中部佛龛龛楣上的水藻、鱼鸟浮雕造型生动，水平较高。正中的五层塔柱所镌之各种建筑部件如塔檐、斗栱、檐柱、栏额等保存均较完整，是研究中国早期塔式建筑的重要资料。附窟中的3个精美雕像于1934年被盗卖出国，今存美国纽约艺术博物馆。

在其余几十个洞窟中，以第十六至第二十窟开凿较早，气魄也最雄伟，因主持人是昙曜高僧，故称"昙曜五窟"。北魏文成帝和平初

图6-1 第十五窟千佛
第十五窟是云冈石窟中较典型的千佛洞，四壁皆雕小型千佛题材，佛像虽小，但雕凿得一丝不苟，给人幻化万千的神秘之感。

第十六窟至二十窟，是云冈石窟中最早开凿的五个洞窟，即第一期的"昙曜五窟"。十六窟为椭圆形平面，正中雕释迦牟尼立像，高13.5米，立于莲台宝座上。现在大佛下身风化较为严重

年，以拓跋濬为首的鲜卑统治集团接受昙曜高僧的建议，"于京城西武州塞凿山石壁，开窟五所，镌建佛像各一，高者七十尺，次六十尺，雕饰奇伟，冠于一世。"此五窟为云冈正式大规模施工时第一期开凿的石窟，其形制上的共同特点是外壁满雕千佛，窟室因系为容纳大佛而凿造，故一律为极简单的穹隆顶洞，拱门系马蹄形，开明窗，无后室，平面呈椭圆形，即所谓"草庐形式"。主像高达13米以上，气魄雄伟。佛像俱为高鼻、深目、宽肩，服饰为右袒或通肩袈裟。传说昙曜五窟中的5尊石雕大佛像系模拟北魏王朝道武帝拓跋珪、明元帝拓跋嗣、太武帝拓跋焘、景穆帝（即南安王）拓跋余、文成帝拓跋濬五世皇帝形象而雕造。这种传说是有历史依据的，并非无稽之谈。北魏高僧法果宣称皇帝即当今如来，使教

权服从于王权并与政权发生了密切的联系，为佛像雕造模拟北魏皇帝制造了理论根据。据《魏书·释老志》记载，文成帝在云冈开窟工程正式动工前后尝"诏有司为石像，令如帝身。既成，颜上足下，各有黑石，冥同帝体上下黑子。"这就是我们今天所见云冈石雕大佛像造型具鲜卑人特征且交脚弥勒石像足底有一鹅卵石大小之黑石的原因所在。

第十六和第十七窟二窟共为一组。第十六窟正中为释迦牟尼如来佛，相当于当时在位的文成帝拓跋濬，面目清秀，姿态英俊，身着厚重毡披，系佩结带，大裙齐胸，右手举至胸脯前，左手下垂，拇指与中指相扣，呈"姆陀罗"印相，站立于莲花座上，高达13.5米，下身长约5米，四周壁面雕镌千佛与佛龛。第十七窟正中为菩萨装束的交脚弥勒像，相当于没有即皇帝位就去世的景穆帝（南安王）拓跋余。佛像高达15.6米，下身高约4米，倚坐于须弥座上，头戴宝冠，身着璎珞，臂部着钏，是典型的古印度菩萨装束。窟内东西两壁佛龛中各雕佛像一尊，东为坐佛像，西为立佛像，身材魁伟，衣纹特殊，别具一格。

图6-3 从第十八窟内向外望（对面页）
第十八窟外壁满雕千佛，洞窟模拟椭圆形的草庐形式，主佛形体高大，占据了窟中主要位置。

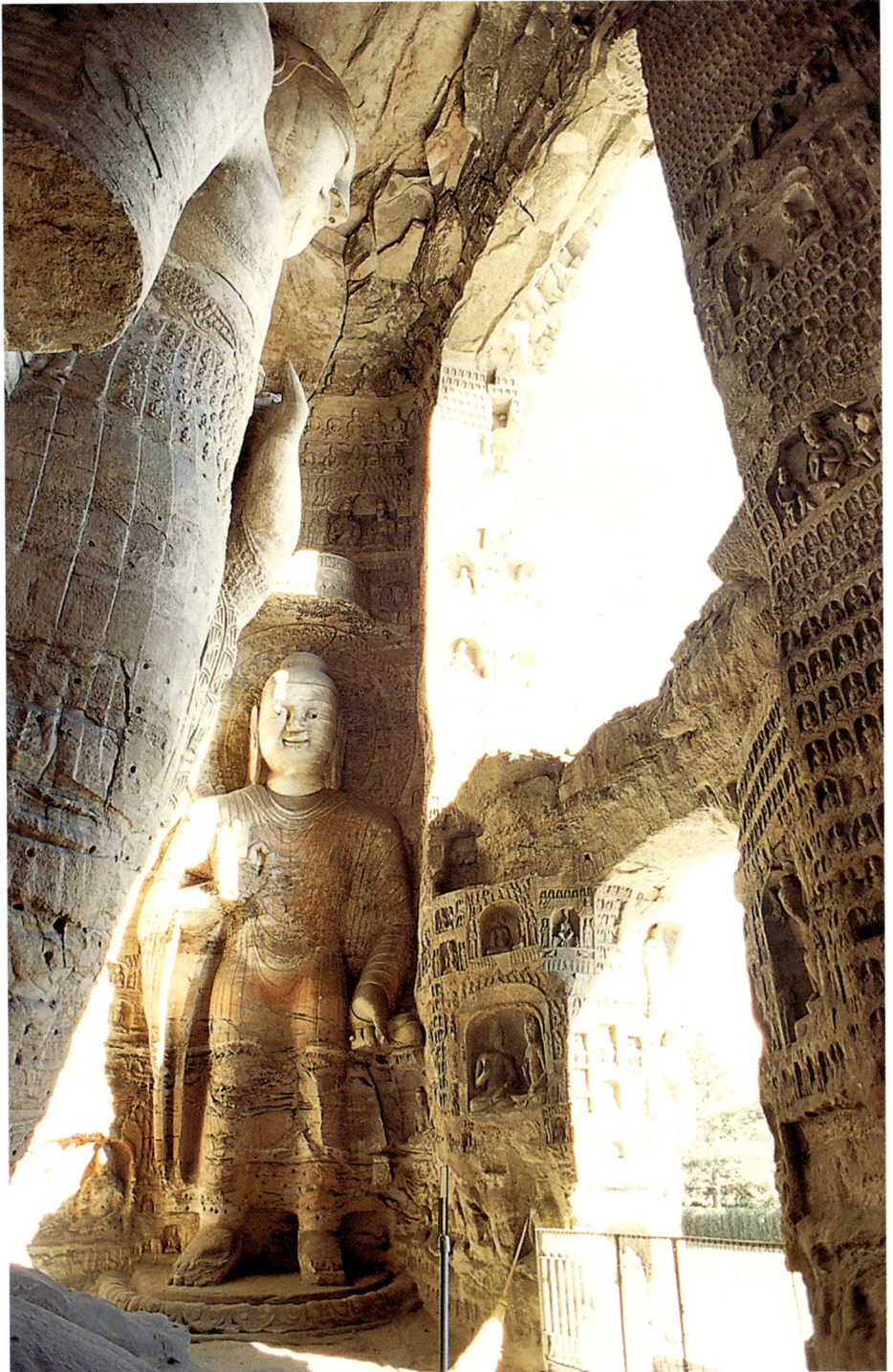

云
冈
石
窟

万佛会聚的西部窟群

筑境 中国精致建筑一〇〇

a

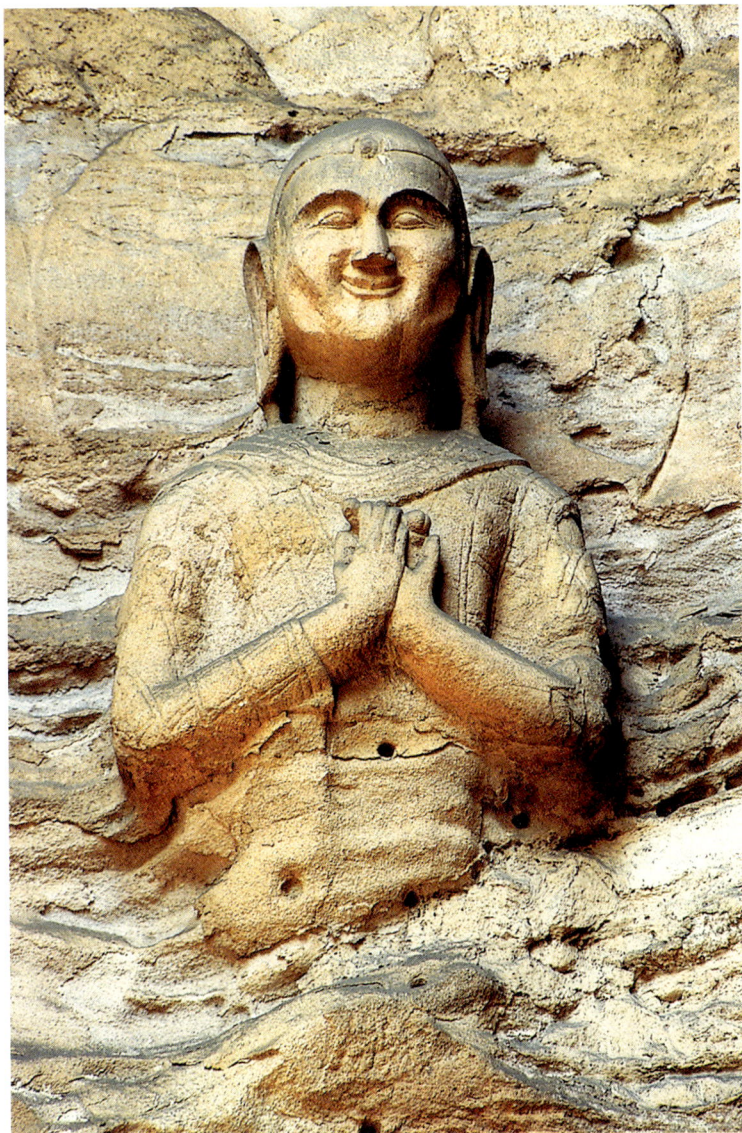

b

图6-4a,b 第十八窟菩萨及弟子
位于第十八窟东壁，菩萨及弟子表情亲切自然，很是具有人情味。

筑境

中国精致建筑100

第十八、十九、二十窟3窟共为一组，以第十九窟为中心窟，窟内造像皆以三世佛为主像。第十八窟正中主佛像为释迦佛，相当于太武帝拓跋焘，高达15.5米，下身长约5米，为站立式，全身披千佛袈裟，右臂袒露，神态刚毅，雍容华贵，左手抚胸，右手下垂，刻画细腻，衣纹流畅，生动感人。正壁上方浮雕罗汉像，形象生动活泼，个性突出鲜明。东壁上部为诸弟子像，造型奇特，或身着轻纱，或手捧鲜果，或头戴宝冠，雕刻技法娴熟，堪称佳作。第十九窟主佛像相当于明元帝拓跋嗣，为结跏趺坐姿势，取"吉祥式"手印，右手举至胸前，左手平置膝上，手执类似哈达之绢帛，高达16.8米，下身双腿盘结，约高2米，是云冈石窟第二大雕像，窟外东、西耳洞内亦雕镌有高达8米之坐像佛。第二十窟窟前立壁和顶部辽代前已塌毁，造像全部露天，主佛像相当于北魏开国皇帝道武帝拓跋珪，为吉祥式结跏趺坐姿势，双手叠置于趺面，呈大日如来之"定印"状，高达13.7米，下肢盘结，约高1.7米，胸以上石质坚硬，风化较小，保存完好。造像高大威武，两肩宽厚平直，顶有肉髻，袈裟右袒，面形方圆，薄唇高鼻，大眼深目，双耳垂肩，两臂修长，二目有神，面容慈祥，神情肃穆。背部的火焰纹和坐佛、飞天等浮雕十分华美，把主佛像衬托得更加刚健雄浑，为云冈石窟之代表作。这些石佛造像上身宽厚，

图6-5 第十九窟坐佛/对面页
位于第十九窟西侧耳洞中，与中间大佛和东边耳洞佛像一同组成三世佛题材。

图6-6 西部石窟近景

图为第二十窟以西的诸窟近景，多为中小石窟。

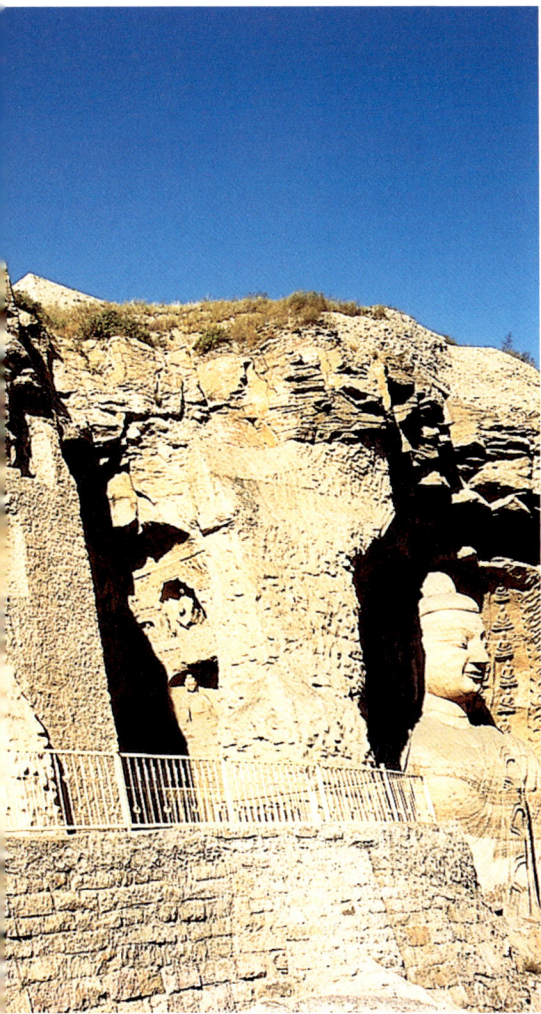

几乎占据了整个身躯的三分之二，下肢粗壮短小，稳健地支撑着巨大的身躯。1954年在整修这个洞窟时，于窟前积土中发现了北魏宣武帝景明四年（503年）四月初六日镌刻之《比丘尼昙媚造像记》铭，对于确定"西头尼寺"之具体方位提供了新的线索。此铭原嵌于石窟前室壁上，后因前室坍塌时被埋入土石中。铭之石质为细砂岩，平面近方形，高30厘米，宽约28厘米，楷书10行，每行12字，共110字。铭文除首尾两行稍有残缺外，余皆完好、清晰。铭文字体结构方整，笔势开张，稳健而宽博，古朴而飘逸，具有大家风范，在魏碑中属用笔以圆为主、结构雄浑宽博者一类，书法极佳，艺术价值甚高。

昙曜五窟中或坐或立的大佛，高鼻通额，面型方实，鼻底平切，眼光前视，胸宽肩挺，神态威严，有一种凛然不可冒犯的神圣感，雕刻刀法平直，大体大面，整体感极强，具有印度犍陀罗造像的某些特征。其中第十九窟侧壁的比丘和持瓶女造像酷似东欧和印度人，受印度造像艺术的影响尤为明显。

　　第二十一至五十三窟及一些未编号的洞窟开凿时代较晚，大多是北魏孝文帝太和十九年（495年）迁都洛阳之后的作品，属第三期开凿，其中以不成组的洞窟、中小窟和补刻的小龛居多，洞窟内部日益方整，塔洞、四壁以三龛及重龛为流行窟式。龛楣、幔帐等雕饰造型已渐趋繁缛，佛像造型亦多清瘦，是一种汉化的形象，藻井中的飞天较前俊秀潇洒，是佛教艺术日趋中国化的作品，接近龙门石窟的艺术风格。其中第三十五窟窟门东侧有北魏宣武帝延昌五年（516年）所凿之小佛龛一个，当系西部窟群中开凿年代之最晚者；第五十窟北壁内容为"缘幢杂技"的浮雕则是研究北魏杂技的形象资料。

七、石窟造像的艺术变形

云冈石窟镌刻在坚硬岩石上并与巨大山崖浑然一体的各种佛像，作为创作于1500多年以前的超大型艺术品，当然不会局限在常规的范畴内而谨"小"慎"微"，循规蹈矩，追求尺牍之作的艺术比例和微小之处的艺术逼真，而是以大气度大手笔进行大体大面的雕凿，并在表现手法上融入了一种极为重要的美学品格：创作客体的艺术变形。

艺术变形是对艺术表现常规的一种突破。1500多年以前的艺术家之所以敢于并善于有此突破，首先与他们当时所处的那个中外交流胡汉混杂佛教文化日趋中国化并深入人心的时代有关；其次与艺术创作所凭借的事物即巍然屹立的巨大山崖有关；再者与其所反映和表现的内容即佛陀与佛陀理论有关。15个世纪以前的北魏不是一个封闭、保守、僵化的时代，改革和开放是主旋律，作为5世纪的国际大都会平城及孝文帝所实施的改革都充分证明了这一点，这就为艺术家的变革和创新营造了一个很好的时间与空间关系；而在坚硬的岩石上和光线幽暗的洞窟中进行超大型艺术作品的创造，也迫使艺术家必须冲破传统的封闭而追求创新；佛陀的理论是对宇宙生命源流演化的一种破译，它昭示人以生命的真谛并指导人协调与大自然和世间万物的关系。唯如是，故云冈石窟佛教造像的创作者在艺术手法和美学品格上展现出一种不再拘泥于传统窠臼的开放体系而使其作品丰富繁杂异彩纷呈。

a

b

图7-1 第十三窟交脚大佛

第十三窟属云冈第二期开凿的石窟，窟中主像是弥勒大佛，面相丰圆，但较云冈一期大佛已显出几分清秀，双腿相交，着褒衣博带式服装。

071

图7-2 第十八窟大佛
第十八窟是三世佛题材，正中大佛为释迦牟尼，高达16米，身披千佛袈裟，面形方圆，深目高鼻，雕饰奇伟。

图7-3 第十九窟大佛
（对面页）
位于第十九窟，为释迦牟尼坐像，高达16.8米，为云冈石窟第二大像，佛像上身内着僧衹支，右肩袒露，所披僧衣先雕出大的衣褶，再加刻阴线衣纹，给人厚重的感觉，反映了早期犍陀罗雕刻手法

王建舜和陈向东在《云冈石窟的艺术变形》一文中，对云冈石窟造像所表现出的变形美进行了探讨。文章认为，云冈石窟的艺术变形主要表现在常态的躯体形变和非常态的精神涵变这两个层面上。

所谓常态的躯体形变，是指大型石佛造像躯体比例与古代关于人像描绘应遵循"立七坐五盘三半"的常规相悖忤。在云冈石窟早期与中期开凿的石窟主像雕造中差不多全都运用了"躯体变形"之艺术表现手法，其中尤以早期开凿的"昙曜五窟"最为典型。昙曜五窟中的第十六窟主像释迦牟尼如来佛为站立式，通高13.5米，其上下身高约5米，上下身之比为1.7：1；第十七窟主像弥勒菩萨倚坐于

图7-4 鸠摩罗天
位于第八窟后室门拱西侧，
项生五头，肩长六臂，手持
法器，雕刻手法阴阳结合，
粗放中见精细，具有强烈的
浪漫主义气息。

须弥座上，通高15.6米，下身双足交叉，高4米，上下身之比为2.9：1；第十八窟主像释迦佛为立姿，通高15.5米，下身高约5米，上下身之比为2.1：1；第十九窟主佛像为结跏趺坐姿势，通高16.8米，下身高约2米，上下身之比为7.4：1；第二十窟主佛像亦为结跏趺坐姿势，通高13.7米，下身高1.7米，上下身之比为7.06：1。这些石雕大佛像上身宽厚雄健，占据了整个身躯的三分之二甚至五分之四强，下肢显得粗壮而短小，稳健地支撑着巨大的身躯。这种对人体比例常规的改变绝非艺术家们的疏忽所致或随意安排，"而是人类生存状态的深层揭示和审美意义上的艺术建构，一种理想人格的塑造和心灵情绪的流露。那粗壮短小的下肢及其与全身比例的失调不会使人们因视觉不适而产生心理或生理的厌倦，甚至产生理性的困惑和迷惘"，反而使人们进入"特定审美欣赏域"后改变视觉经验中的物像形态而"增强了艺术生命的力度和生命艺术的感召度"，令观瞻者面对"失调几何比例"的巨大佛像而在"心灵屏幕上组合为一种超越世俗的思想人格和无与伦比的生命图式"。我们这里所说的"特定审美欣赏域"是指容纳巨大石佛洞窟的有限空间。信徒们在有限的甚至是极窄小的空间里向超大型的石雕佛像五体投地，顶礼膜拜，仰视大佛时必然产生强烈的视觉误差，而"失调的几何比例"恰恰是纠正视觉误差所必不可少的。此外，这种上身长大宽厚下身短小粗壮的造型乃鲜卑人"由森林游猎到草原游牧的生命过程中久骑马上拉弓征战所必然形成的身体本身的变象再现。正是这一伟大民族的精神风度和追求永恒的生命意识渗透到他们艺术创作的所有领域，用外化为佛教仪轨图像的艺术形式表现出石窟艺术的最高主题——理想人格的建构"。

王、陈在文中也指出，常态的躯体形变在云冈石窟艺术变形中只不过是一种浅层次的外在表现形式，仅仅是更为深刻的精神涵变的基础。而非常态的精神涵变则是通过常态躯体的剧烈改变对人类精神状态给予深刻揭示，是一种具有典型美学意义的高层次艺术变形。在北魏第二期开凿的云冈石窟编号为第八窟的拱门西侧雕镌有五头六臂乘坐孔雀之鸠摩罗天像，

第二十窟

石窟造像的艺术变形

筑境 中国精致建筑100

图7-5 第二十窟大佛/前页

第二十窟窟前石壁在辽代以前塌毁，窟中大佛露天，成为云冈石窟的标志。大佛为坐像，高13.7米，面形丰圆，深目高鼻，宽厚的双肩着右袒袈裟，衣纹高凸，阴阳雕刻手法巧妙结合，背光等装饰花纹精美华贵，为云冈石窟的代表作。

东侧雕镌有三头八臂骑牛之摩醯首罗天像，这在云冈石窟极为罕见，仅此一例。"天"在佛经中乃"神"的异名。《金光明经疏》："外国呼神亦名为'天'。"这两尊天神是色、空、欲三界中色界之天神，亦谓之"阿修罗"。阿修罗是梵语的汉语音译，意译"不端正"、"非天"等，原为古印度神话中的一种恶神，为天龙八部众中的"天众"，佛教以之为护持佛法之神。北魏艺术家们通过鸠摩罗天与摩醯首罗天两尊天神形象躯体的剧烈改变，向人们展示了一种生命内质的无极限裂变。按照《云冈石窟的艺术变形》一文的观点，它是鲜卑人生命意识和生命形式在灵魂的惊奇与震颤中的拓展和延伸，是一种祈求获得生命本体自由无碍心愿的超越生命的艺术显示和精神写意，是人类希冀征服自然、支配命运情绪的外化。

云冈石窟佛教造像的常态躯体形变和非常态的精神涵变将高度的美感韵律"蕴藏在初看紊乱、表达平淡而内在和谐、精神世界伟大丰富的情态之中，而在外部简单关系的掩盖下，隐藏着细腻别样的充实情感和内心体验。在形变和涵变的审美变异中实现人类精神的勃发，走向灿烂未来"。

（本节引语及主要观点见王建舜、陈向东二先生合写《云冈石窟的艺术变形》一文）

八、云冈石窟的文化蕴涵

云冈石窟的文化蕴涵

图8-1 飞天
位于第九窟前后室之间门拱
上，飞天神采飞扬，衣带飘
舞，气韵生动。

图8-2 力士／对面页
位于第十窟前室西壁上。力士
体魄强壮，双手高举，力托千
钧，显示了非凡的神力。

云冈石窟在中国三大石窟中以石雕造像气魄雄伟、内容丰富多彩和融中外艺术于一体这三个特点而见长。石雕佛像最高者达17米，最矮者仅2厘米左右。其中有神态各异的佛教人物形象，也有形制多样的仿木结构建筑物，还有主题突出的佛本生和佛传故事浮雕与种类繁多的装饰纹样，以及各种古代乐器雕刻，生动活泼，琳琅满目。石窟的主要形制大致可分为"支提窟"和"精舍窟"二种。支提窟即有中心塔柱的洞窟；精舍窟则是禅窟，系僧徒禅修之所，一般是在窟室中央设方形庵堂，堂后凿一佛龛以供参禅，窟壁小洞乃僧徒容身修禅之地。云冈石窟的雕造技艺继承并发展了秦、汉时代的艺术传统，汲取和融合了犍陀罗佛教艺术的精华，具有独特的艺术风格，对后来隋、唐艺术的发展产生了深远影响，起到了承上启下的作用，是中国古代各族劳动人民共同创造的艺术珍品，在中国艺术史上占有重要地位，同时也是古代各民族人民物质文化生活和中西文化艺术交流的生动反映和历史见证，被联合国教科文组织列入了《世界文化遗产名录》。

云冈石窟的文化蕴涵

筑境 中国精致建筑100

图8-3 飞天群像
位于第十窟前室顶部，刻有十几尊飞天，或腾云游戏，或轻歌曼舞，神态飘逸生动，具有很高的艺术水平。

在中国历史上曾经发生过北魏太武帝拓跋焘、北周武帝宇文邕、唐武宗李炎、五代周世宗柴荣发动的4次大的毁灭佛法事件，史称"三武一宗灭佛"，北魏太武帝灭佛则是中国佛教史上发生的首次"法难"。面对史无前例的灭佛灾难和大量佛教寺庙建筑被无情摧毁的惨痛教训，虔诚的佛教信徒们变得聪明起来：在人世间的一切有形物只有与山河融为一体，方可和山河一样与世长存而臻达不朽！这便是北魏高僧昙曜在北魏王朝恢复佛法后之所以选择武州崖开窟镌造佛像的原因所在。在封建社会能够给佛教以毁灭性打击者除了皇室宫廷外其他政治集团与政治势力概莫能为。有鉴于此，故昙曜高僧在开窟造像时特别选择"三世佛"为主要题材，其目的除了为皇室祈福外，也是针对太武帝大举毁灭佛法前社会上广为流传的"胡本无佛"言论而在理论上进行批判，用以宣传佛教的渊源悠久。昙曜开凿的5座石窟中的5尊主佛像甚至干脆以道武帝、明元

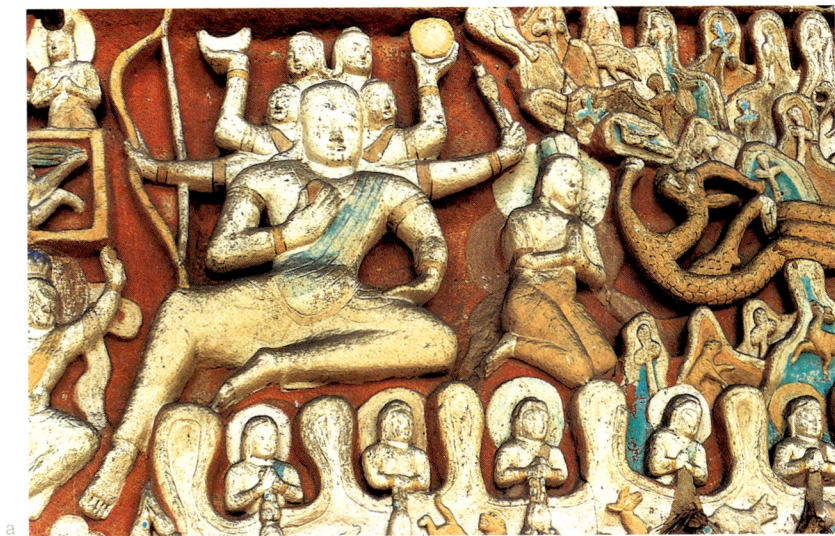

a

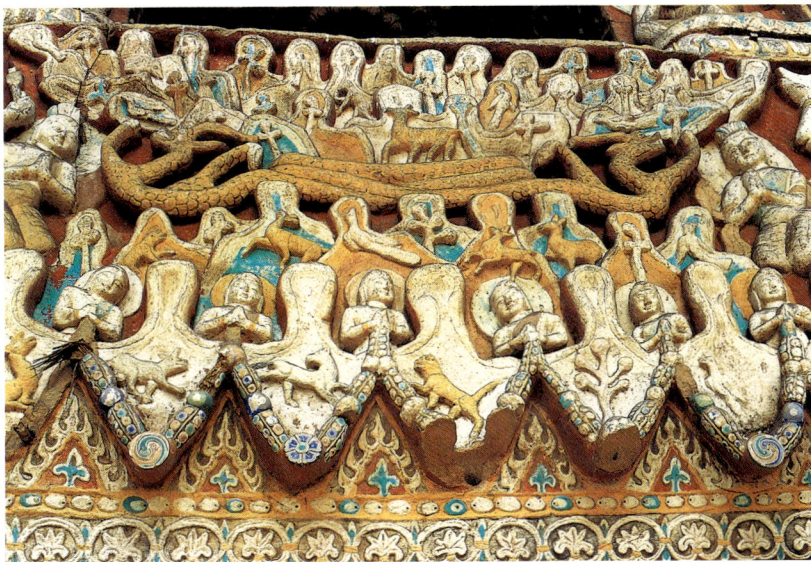

b

图8-4 第十窟前室北壁
第十窟前室北壁上，刻有众多佛、菩萨及飞天形象，人
物形象之间以动物、花草等分隔或陪衬，构图严谨而富
于变化，令人目不暇接。

图8-5 第十二窟前室顶部/后页
第十二窟分前、后室，前室东西两壁都雕成三间仿木构
建筑的佛龛，窟顶雕各种花卉图案组成平棊藻井，伎乐
飞天手持琵琶、排箫等乐器，凌空飞舞，姿态飘逸，是
研究北魏建筑和音乐的珍贵形象资料。

云冈石窟的文化蕴涵

筑境 中国精致建筑100

帝、太武帝、景穆帝、文成帝为模特儿进行雕造，不但是当时佛教界宣扬的"皇帝即当今如来"、"拜天子就是礼佛"理论在石窟造像实践中的具体反映，同时也是为了避免太武帝灭佛一类事件重演的聪明举措。皇帝的模样留下了，皇室自然不再思谋着灭佛。但皇帝不曾想到留下的只是外形和躯壳，它仅仅是容纳佛教灵魂的一种载体。后世佛教信徒与香客游人仰望和山崖浑然一体的石雕造像，只知那是佛，不知那是皇帝。能够灭佛的皇帝被人们遗忘了，在时空里消失了，实实在在地灭了。倒是佛陀的形象与灵魂长久地留存在天地间而没有泯灭，其理论、其思想、其智慧、其因果是权势所难以消灭的。

但是佛教的生存与发展毕竟离不开当权者的支持。聪明的佛教弘扬者为了自身的需求完全没有必要固守"沙门不敬王者"的旧传统，而当权者自会从支持佛教事业中得到难以估量的政治利益，彼此互有所求，于是结为一体。正是因为北魏王朝倾举国之力支持昙曜高僧在云冈开凿石窟镌刻大佛像，我们今天才有幸能够目睹1500多年以前撰写在武州山崖上的那令

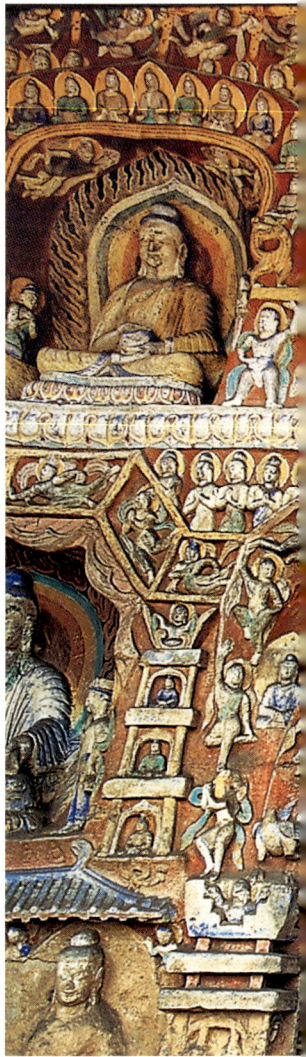

图8-6 第十二窟前室北壁

第十二窟前室北壁结构分上下二层，下层中部
为拱形门，门楣上遍雕小佛和飞天，门两边各
雕一佛龛，内各坐一佛；上层与下层对应，中
间开一方形天窗，以利后室采光，左、右各雕
一尊坐佛。

云冈石窟的文化蕴涵

图8-7 第十三窟动物图案
第十三窟动物图案，采用浮雕手法，在构图处理上极富装饰意味，动静结合，独具匠心。

意境 中国精致建筑100

人惊心动魄的鸿篇巨制，并充分领略其洋溢着灵性的艺术之美。北魏第一期开凿的"昙曜五窟"仿佛一座艺术迷宫，既造佛像又造人像，生动地反映了当时的社会状况，其中的纹样、器物、乐器、飞天、鸟兽、草木、服装、首饰及人物形象等都是艺术家们对北魏早期实物具体而翔实的描绘和记录，是北魏王朝留给后世的历史博物馆。云冈石窟这座融宗教、政治、佛学、哲学、美学、建筑、艺术、民族、民俗……多学科知识和内容为一体的迷宫，以其丰厚的文化积淀和蕴涵令今人后世，受益无穷。

大事年表

朝代	年号	公元纪年	大事记
北魏	登国元年	386年	北魏立国，定都盛乐
	天兴元年至天赐五年	398—408年	迁都平城，道武帝下诏在都城广建佛寺，封沙门法果为道人统
	太平真君年间	440—450年	太武帝下禁佛诏书，大肆拆毁佛寺
	兴安元年	452年	文成帝登基，选冯氏为贵人
	兴安二年	453年	文成帝重振佛法，召凉州高僧昙曜至平城尊之为国师，下诏每县建佛寺一所
	太安二年	456年	文成帝立冯氏为皇后
	和平年间	460—465年	云冈石窟开凿工程第一期施工
	天安元年至太和十八年	466—494年	献文帝登基，尊冯氏为皇太后，云冈石窟开凿工程第二期施工
	太和七年	483年	54名佛教信徒在第十一窟造像并镌刻碑铭
	太和八年至十三年	484—489年	孝文帝宠臣宕昌公钳耳庆出资开凿第九和第十号一组双窟
	太和十八年至正光五年	494—524年	太和十八年迁都洛阳云冈石窟开凿工程第三期施工
	景明四年	503年	比丘尼昙媚在第二十号窟造像并镌刻石铭
	正光年间	520—525年	北魏侍中平原太守遗媚在第三窟造像勒铭
唐	贞观十四年	640年	进行云冈个别石窟的开凿工程
	贞观十五年	641年	重建云冈外围寺庙
辽	重熙十八年至清宁六年	1049—1060年	对石窟进行大规模整修，修葺前建木构窟檐的"石窟十寺"
	保大二年	1122年	金兵攻陷西京大同，石窟十寺木构窟檐毁于兵燹

朝代	年号	公元纪年	大事记
金	天会九年	1131年	金皇室为保护云冈石窟实施武州川河道改道工程
	皇统三年至六年	1143—1146年	慧公法师化缘集资重修灵岩大阁九楹、门楼四所，对云冈石窟进行大规模整修
清	顺治八年	1651年	修建云冈寺宇窟檐
中华民国		1934年	第十五窟附窟3个精美雕像被盗卖，今存美国纽约艺术博物馆
中华人民共和国		1955年	落架重修第五、第六窟木构窟檐
		1959—1961年	对东、西部窟群中的部分中小洞窟进行试验性化学加固。后又对五华洞及昙曜五窟进行高分子材料加固
		1973年	周恩来总理陪同法国总统蓬皮杜参观云冈
		1974—1976年	对云冈石窟进行大规模全面整修
		1976年	联合国教科文组织将云冈石窟列入《世界文化遗产名录》

图书在版编目（CIP）数据

云冈石窟／王宝库撰文／王永先图版说明／王皓等摄影. —北京：中国建筑工业出版社，2013.10（2022.9重印）

（中国精致建筑100）

ISBN 978-7-112-15960-4

Ⅰ.①云… Ⅱ.①王…②王…③王… Ⅲ.①云冈石窟–画册 Ⅳ.① K879.222

中国版本图书馆CIP数据核字（2013）第237336号

◎中国建筑工业出版社

责任编辑：董苏华 张惠珍 李 婧 孙立波
技术编辑：李建云 赵子宽
图片编辑：张振光
美术编辑：赵 清 康 羽
书籍设计：瀚清堂·赵 清 周伟伟 康 羽
责任校对：张慧丽 陈晶晶 关 健
图文统筹：廖晓明 孙 梅 骆毓华
责任印制：郭希增 臧红心
材料统筹：方承艺

中国精致建筑100

云冈石窟

王宝库 撰文／王永先 图版说明／王 皓 青 榆 摄影

中国建筑工业出版社出版、发行（北京西郊百万庄）

各地新华书店、建筑书店经销

南京瀚清堂设计有限公司制版

北京富诚彩色印刷有限公司印刷

开本：889×710 毫米 1/32 印张：2 $^7/_8$ 插页：1 字数：123 千字

2016年4月第一版 2022年9月第二次印刷

定价：**48.00**元

ISBN 978-7-112-15960-4

　　　（24336）